A MESSIEURS,

MESSIEURS les Iuges de la Cour Primatiale de France à Lyon.

Supplie humblement Messire PIERRE DE ROUXEL DE MEDAVY, Comte de Grancey, Marechal de Camp és Armées du Roy, Appellant de la Sentence renduë par le Sieur Official de Sens le 29. Novembre 1673.

CONTRE,

Damoiselle Marie Eleonore Angeliquë Corné, Intimée.

Isant que ladite Damoiselle ayant donné au public des Factums, ou pour parler plus juste des Libelles diffamatoires de sa maniere dans lesquels Elle à ramassé tous les artifices & deguisements, qu'un esprit également subtil & malicieux peut sugerer, & qui luy coûtent si peu que dans le dernier Elle publie de n'avoir employé qu'un seul jour pour le composer, il y auroit lieu de commencer cette Requête par une Apologie en faveur de ceux qu'elle à voulut noirçir, mais on en laisse le soin à une plume plus delicate, &

A

moins occupée que celle dont on se sert dans l'occasion presen-
te,& l'on se contentera de faire en passant deux remarques.

La premiere que par les expressions de son stile qui n'est pas
moins artificieux en effet,& que dans l'apparence Elle affecte de
le faire paroître naturel & ingenu, il est facile de connoître
qu'Elle à pleinement herité de ces detours industrieux,& de ces
ruses deliées,qui faisoient la principalle richesse du Sr de la Vallée Corné son pere & sa distinction parmi les gens d'affaires.

La seconde que sans apprehender les plus noires couleurs du
pinceau déja tout preparé dont Elle menace de tenir, & defi-
gurer encore plus outrageusement le lustre d'une famille,ou Elle seule pretend d'apporter quelque tache,& qui croiroit se faire
tort de s'arrester à établir avec Elle d'autres preuves de son an-
cienneté de son rang,& de son merite que la notorieté publique
de tout le Royaume.

On luy peut demender qu'elle proportion de mariage il y a
entre Elle & le Comte de Grancey,qui à

Pour Pere un Maréchal de France.	*LE MARECHAL DE GRANCEY.*
Pour Oncle un Maréchal de France.	*Le MARECHAL D'HOCQVINCOVR.*
Pour Cousin Germain un Maréchal de France.	*LE MARECHAL DE CASTELNAV.*
Pour Grand Oncle un Maréchal de France.	*LE MARECHAL D'ESTAMPES.*
Pour Ayeul Paternel un Lieutenant General de Normandie.	*LE SEIGNEVR DE MEDAVT.*
Poul Ayeul Maternel un Maréchal de France.	*LE MARECHAL DE FERVAQVES.*
Pour Bisayeul Paternel un Lieute-nant General ou l'appanage du Duc Dalençon.	*LE SEIGNEUR DE MEDAVT.*
Pour Grand Oncle.	*Vn MEDAVT Grãd Prieur d'Aquitaine.*

Et qu'elle audace a-telle de dire que l'heritiere de Medavy s'eſt mariée fantaſtiquement dans la Maiſon des Rouxels, y ayant plus de trois cens ans qu'elle y porta cette grande terre de Medavy. Trouvera-t-elle bien des familles qui ayent pendant un ſi long-temps poſſedé une Seigneurie de cette qualité, & qui ayent eſté auſſi attachées a la profeſſion des Armes que de celle des Rouxels, qui jamais n'en ont fait d'autre; Si l'Intimée veut être plus inſtruite de leur Genealogie, elle eſt imprimée au ſecond Tome des Memoires de Caſtelnau, ce qui la rend publique.

Quoi que ce Tribunal n'entre pas volontairement en l'examen des titres de Nobleſſe, l'on à crû qu'il permettra cette digreſſion, & que l'on faſſe auſſi remarquer en cet endroit que c'eſt par la pure neceſſité de faire voir l'inegalité des parties que feu Mr le Maréchal de Grancey à produit en premiere Inſtance les Actes qui juſtiffient que Iean Corné premier étoit Marchand de Vin, Vinaigre, & Eau de vie dans le Bourg de S. Martin de l'Iſle de Rhé, lieu de ſon Origine, & que les Lettres d'Anobliſſement obtenuës par Iean Corné ſecond ſieur de la Vallée, pere de lad. Damoiſelle receurent tant de difficulté dans leur verification, qu'il falut avoir recours à trois differentes Lettres de Juſſion pour les faire Enregiſtrer en la Cour des Aydes, dont-il ne pouvoit d'ailleurs tirer un grand avantage, puis qu'elles ont eſté compriſes dans la Revocation generalle portée par l'Edit de Sa Majeſté du 11. Decembre 1665. ſans qu'il ſe ſoit mis en peine de les faire confirmer, ayant mieux aymé ſe rendre luy même Partiſan de la recherche des faux Nobles.

Paſſant apres cela à une ſincere deduction du fait, l'Appellant demeure d'acord que l'Abbeſſe de Gomerfontaine ſa Tante ayant eſté la premiere abuſée ſur la preſupoſition que ledit Sr de la Vallée Corné fut de ces Partiſans qui quoi qu'obligez de tenir leurs biens a couvert, étoient neantmoins effective-

opulenrs, & que celui-cy bailleroit à fa Fille unicque une dot de deux ou trois cens mil livres, outre l'efperance d'une Succeſſion que l'on faiſoit monter ſi haut, qu'il n'y à point de Seigneur de la Cour qui n'en eût eſté ébloüi : Elle engagea ledit Appelant de faire un voyage auprés d'Elle ou êtoit l'Intimée avec la Dame ſa Mere, de l'une & de l'autre defquelles il receut un aceüil ſi favorable, & trouva en la perſonne de la Fille, aſſez bien partagée des talents de la nature, tant d'agréments qu'il en fut d'abord épris, & dans la ſuite de leurs habitudes adroittement ménagées par les attraits de la Damoiſelle, & ſoûtenuës par le leurre des grands biens qu'on luy faiſoit eſperer, il ne fut plus capable que de ſuivre les mouvements d'une paſſion aveugle, & les perſuaſions que led. ſieur la Vallée Corné voulut luy inſpirer.

L'on à tâché de perſuader que cette recherche fut agrée par Monſeigneur l'Archevêque de Roüen ſon Oncle, & l'on à même avancé qu'elle avoit eſté concertée avec toute ſa Parenté ſoûs pretexte de quelques Lettres que l'on à tourné à contre ſens, & en quelques unes defquelles on à changé la datte, ce que ledit Seigneur Archevêqué à nettement expliqué dans la réponſe à l'un des Factums que l'Intimée avoit debité, & dont il ne reſulte autre choſe, ſinon que ſur les allegations vagues qui lui furent faites, voulant s'éclairçir ſi le parti qui êtoit proposé pour ſon Neveu êtoit autant avantageux comme on le figuroit : Ce Prelat judicieux dans une Conferance que ledit ſieur la Vallée Corné eût avec luy reconnût que ce n'étoit que de vains amuſements, & des pretentions chimeriques, aprés quoi il ne penſa plus qu'a détourner & rompre ce fatal engagement.

Mais pour détruire cette objection, il n'y à qu'a faire Reflexion qu'outre que les Oppoſitions Signiffiées de ſa part, & de celle du Seigneur Maréchal de Grancey, les 20. & 21. Novembre 1672. tant audit la Vallée Corné, qu'au Sr Curé de S. Sulpice, prouvent invinciblement le contraire dudit agrément

pretendu

pretendu,puis que si ce Mariage leur avoit esté agreable , ils ne s'y seroient pas opposez. Toutes les praticques & les detours dont-on s'est servy pour faire tomber l'appelant dans le piege, font assez voir que l'on à rien oublié pour l'éloigner de ses pa-rens,afin de faire reussir à leur insceu , & en cachette le dessein projeté pour led. mariage.

C'est pour celà que ce pere rusé ayant bien connû par le langage que luy tint led. Seigneur Archevêque de Roüen, que n'y luy,n'y le Seigneur Maréchal de Grancey ne consentiroient jamais à ce pretendu Mariage,& ne voulant pas manquer son coup envoya ordre à sa Femme & à sa Fille de sortir de Gomerfontaine, & se rendre à Argenteuïl le 14. dud. mois Novembre,où ils demeurerent le lendemain 15e tout le jour avec led. sieur Appelant qu'elles avoient attiré & amené avec Elles,& led. Sr de la Vallée s'êtant precautionné de la publication d'un Ban qu'il avoit fait faire le 13. dud. mois de Novembre , dans la Paroisse de S. Sulpice, où il êtoit domicilié , & dont les parties interes-sées,logées dans un quartier éloigné,n'eurent avis que quelques jours apres , il obligea led. Seigneur Comte de Grancey de se rendre devant le jour chez Monseigneur l'Evêque de Langres à Paris le seize du même mois , pour obtenir par surprise dudit Seigneur Evêque de Langres la dispense de trois Bans, qui luy fut accordée soûs des conditions non executées, dont-on parlera dans la suite; aprés quoi il le mena le lendemain 17e. au lieu du Pecq, ou fut passé le Contract de Mariage entre les parties, sans aucune assistance de Parens , Amis , n'y Conseil du côté du futur époux, lequel Contract contient la constitution d'une dot apparente de deux cens mil livres par les pere & mere de l'Espouse future,dont ils devoient payer la somme de cent mil livres dans trois mois,& jusques au payement des autres cent mil livres leur payer annuellement la somme de 5000. l. pour les Interests d'i-celle somme. Mais dés le jour suivant led. sieur de la Vallée

Corné (nonobstant les termes appofez pour le payement de cette dot pretenduë) s'en fit paffer quitance comme payée contant, & pour donner quelque couleur à la fraude, il fit en méme tēps un Contract de conftiton de rente de la fomme de 5000. l. au capital de cent mil livres, au profit dud. Sieur Comte de Grancey, duquel il fuppofa d'avoir receu lad. fomme, ou l'on voit l'étrange aveuglement d'un efprit prevenu, & feduit, puis qu'en fe chargeant par l'Appellant defd. deux cents mil livres fans en toucher un denier (outre les avantages Matrimoniaux ftipulez en faveur de l'Intimée) il fe laiffoit repaître de paroles trompeufes, & de la vaine impofition & affectation de ladite Rente, fur des biens en l'air d'un homme oberé & accable d'un million de debtes.

Le dol & la fimulation de ces Actes qui ne pourroient paffer que pour contrelettre toûjours improuvée à été connuë à la Cour de Parlement, où l'on a juftiffié que le fieur de la Vallée Corné étoit fi peu en état de donner à fa Fille moins encore de compter les deux cens mil livres que pour lors tous fes biens immeubles étoient faifis réellement , qu'il avoit demandé au Confeil d'Eftat des Lettres de refpy, & de furceances des pourfuites & contraintes de fes Creanciers , & qu'apres la diffipation de fes meubles , il fut obligé de prendre à loüage les ameublements dont fon domicile êtoit paré, qvi luy furent ôtés à la fin du terme avec un Procés pour le payement dud. loüage, fur quoy eft intervenu Arreft contraditoire du 18. May 1678. portant la caffation defd. quittance & conftitution de rente.

Pour reprendre le fil de l'Hiftoire, il eft à remarquer que led. la Vallée Corné pour mieux joüer fon jeu feignit d'abandonner la partie, ayant laiffé le foin à la Dame fa Femme du parachevement de l'entreprife, fur ce qu'il difoit que fa prefence & fes follicitations étoient neceffaires pour obtenir de Monfeigneur l'Archevêque de Paris la difpenfe qui manquoit pour parvenir aud.

Mariage, mais ſes meſures furent deconcertées, parce que ſes pro-
jets ayans fait éclat, la Cour en fut imbuë, & Sa Majeſté en ayant
eſté informée par led. Seigneur Archevêque de Roüen fit com-
mander à un des Gardes de ſon corps de faire des deffences au
Comte de Grancey de paſſer outre à la celebration de ce Mariage,
ſans l'avoir veu, lequel Ordre fut éludé pour n'avoir led. Garde pû parler au Comte de Grancey, que led. ſieur de la Vallée te-
noit enfermé dans ſa maiſon, le 19. dudit mois de Novembre.

Cependant dés l'entrée de la nuit de ce même jour la Mere
& la Fille avec led. Appelant ſortirent de Paris, & coururent dans
tous les Villages portés par le Factum dud. Seigneur Archevêque
de Roüen, pour trouver un Curé, Vicaire, ou quelque autre Prêtre qui voulut favoriſer leur deſſein, ils s'adreſſerent même à un
certain que l'on croyoit plus facile que les autres dans ces cas
perilleux, mais ils en firent tous refus, tant il eſt vray que la choſe
paroiſſoit évidemment illicite, & mauvaiſe, enfin ils reſolurent de
ſortir du Diocéſe de Paris, & pour cet effet ſe rendirét à l'Hôtel-
lerie de la Bretoche Diocéſe de Sens, qui fait avec le Logis du
Seigneur toute la Paroiſſe nommée du Chaſtel, à laquelle Hôte-
lerie ils firent venir un Prêtre nommé Mre Iean Deſlandes habitué à Nangis autre Paroiſſe voiſine, lequel plus ignorant, teme-
raire & moins conſcientieux que tous les autres ſe laiſſa gaigner
par l'appas de dix piſtoles à prêter ſon miniſtere, quoi qu'impuiſ-
ſant (puis qu'il êtoit ſans caractere & ſans pouvoir) pour achever
nuittament ce miſtére non pas de Religion, mais d'Iniquité.

Comme l'Intimée donne toute ſorte de liberté aux ſaillies de
ſon eſprit, Elle ſe fait Elle même une objection qui encherit
beaucoup ſur celle qui à eſté faite dans le Procés, & prenant oc-
caſion de tourner en ridicule celuy qu'Elle qualifie ſon Eſpoux,
Elle exagere d'une maniére qui n'eſt pas moins picquante que
facetieuſe. *Le peu d'apparence qu'une Fille âgée de 17. ans ait en-
levé un Maréchal de Camp entre tous ſes gens*, ſurquoy l'on pour-

roit bien répondre qu'il ne falut pas d'autres armes à la fameuse Dalila, pour enchaîner, & reduire dans la derniere foiblesse le plus fort des hommes, que ses caresses & son affeterie, *in blanditiis vis inest*; Mais on ne pretend pas que cette comparaison soit absolument juste, n'y qu'Elle luy doive être appliquée, non plus que celle de la Pucelle d'Orleans.

Vne adventure si extraordinaire ne manqua pas de faire bruit dans tout le voisinage, lequel êtant parvenu au sieur Promoteur de l'Archevêché de Sens, il estima qu'il étoit de son devoir de requerir qu'il en fut Jnformé par un Commissaire deputé sur les lieux, & il ne faut que lire la teneur de la Commission, qui fut baillée pour cet effet par le sieur Official dudit Archevêché du premier Decembre 1672. pour connoître l'idée qu'il conceut pour lors de cette affaire, dans laquelle se rencontre tant de marques de Clandestinité qu'il faudroit fermer les yeux en plein jour pour ne le pas decouvrir.

La renommée publique qui se répendit d'abord en est un premier Argument, puis que les seules lumieres du bon sens suffirent pour faire condamner un procedé si contraire à toutes les régles par tous ceux qui en eurent connoissance.

La circonstance dont-on à cy-dessus parlé de l'éloignement des Parens est considerable, parce qu'encore bien que leur presence ne soit pas toûjours de necessité absoluë, il est neanmoins vray que la bienseance & l'honnêteté publique la requirent.

Le choix d'un lieu écarté hors du Diocése de l'un & de l'autre des parties Contractantes, ou elles n'êtoient pas mèmes connuës, & qui ne le furent que par le nom de Grancey.

La qualité du Prêtre simple habitué dans lad. Paroisse de Nangis d'où il fut appellé dans celle du Châtel pour faire ce pretendu mariage.

Celle des témoins qui sont les nommés Goury Hôtelier, & Bontour Chartier dudit lieu de la Bretoche, avec le Valet de Chambre du Sieur Comte de Grancey.   L'heure

L'heure induë que fut entre une & deux heures aprés la minuit afin de confommer à la dérobée cette œuvre de tenebres.

A quoy l'on peu ajoûter que les funeftes fuites de cette conjontion illegitime, la difcorde, les troubles, la divifion & les Procés qu'elle à caufé, montrent auffi le vice du principe d'où Elles derivent, ces pernicieux effets procedans ordinairement d'une mauvaife caufe.

L'Information qui fut faite par le fieur Bourée Prêtre Docteur en Theologie, & Theologal de Nôtre-Dame du Val de Provins Commiffaire deputé en cette partie le 5. dud. mois de Decembre 1672. produit encore deux autres arguments tres-forts pour la preuve de la Clandeftinité, & nullité dudit pretendu Mariage.

Le premier en ce que Mre Anne Beriard Vicaire de lad. Paroiffe du Châtel depofa pardevant le Commiffaire, que le 21. Novembre precedent fur les huit heures du foir, luy ayant efté propofé de vouloir Marier lendemain au matin le fieur Comte de Grancey qui êtoit aud. logis de la Bretoche fur la permiffion qu'il difoit avoir tant du Seigneur Evêque de Langres, que du fieur Curé de S. Sulpice, il ne voulut y entendre & refufa de faire led. Mariage, nonobftant les promeffes qui lui furent faites de lui procurer des benefices, & l'offre de luy donner contant dix Piftoles, difant qu'il n'étoit pas homme de faire aucune chofe contre fon devoir, pour quelque argent qu'on luy pût prefenter, & dans la fuite il declare que le 22. dud. mois il aprit par les voifins que le Mariage avoit efté fait pendant la nuit fans fa participation par led. Deflandes, auquel il n'avoit point même donné les clefs de l'Eglife qui furent prifes dans le Château, ou pour l'ordinaire elles êtoient portées ; le refus de ce Vicaire confirmé par lefdits Goury & Bontour faifant voir que la chofe luy parut illicite & criminelle.

Le fecond argument fe tire de la depofition dud. Deflandes qui dit avoir fait ce pretendu Mariage en vertu d'un pouvoir special, tant de la part & autorité de Monseigneur l'Archevêque de Paris, que de la part & autorité de Monseigneur l'Evêque de Langres , reconnoiſſant que l'une ſans l'autre êtoit nulle & de nul effet.

Et la preuve reſulte de cette procedure eſt d'autant plus convainquante qu'elle fut faite d'office en un temps exempt de tout ſoupçon.

La Requeſte de feu Monſieur le Maréchal de Grancey pour faire caſſer & declarer nul led. mariage fut preſentée aud. ſieur Official de Sens le 13. Mars 1673. l'Aſſignation baillée à lad. Damoiſelle Corné, & à ſes Pere & Mere le 24. du même mois , & aud. ſieur Comte de Grancey le 4. Avril ſuivant, enſuite de quoi les uns & les autres êtans comparus, apres l'inſtruction , tant de cette Inſtance que du Procés extraordinairement pourſuivy par led. ſieur Promoteur, contre leſd. Deſlandes & Beriard, intervint la Sentence dont eſt appel du 29. Novembre 1673. dudit ſieur Official de Sens, avec ſes Aſſeſſurs portant que ſans s'arreſter à la Requeſte du Supliant du 7. du même mois (par laquelle il s'êtoit joint aud. Seigneur Maréchal de Grancey ſon pere pour la caſſation dudit Mariage) *dont-il eſt debouté, leſd. ſieur & Dame Corné & leur Fille, (qu'ils qualifient de Grancey) ſont renvoyez des fins & concluſions dud. ſeigneur Maréchal, & faiſant droit ſur la procedure extraordinaire faite à la requeſte dudit Promoteur allencontre des ſuſnommez pour les cas reſultans du procés, led. Deſlandes eſt Interdit de toutes fonſtions Eccleſiaſtiques dans l'étenduë du Dioceſes de Sens pour toûjours &c.*

L'irregularité de ce Iugement paroit en ce qu'en impoſant au dit Deſlandes la plus rigoureuſe des peines Canoniques qui eſt l'Interdiction perpetuelle de toutes les fonctions Eccleſiaſtiques , l'on a ſuivi une partie de la diſpoſition du Concille de Trente, qui veut que ceux qui aſſiſtent aux Mariages Clandeſtins soient grièvement punis, *Arbitrio Ordinarij*, & il prononce neant-moins pour la validité du pretendu Mariage, contre les termes formels de l'autre partie la plus essentielle de la même disposi-tion dudit Concile, ce qui ne peut estre attribué qu'a la preven-tion d'un mobile étranger en cette cause, connû de beaucoup de gens, & que l'on n'a pas crû devoir être icy publié.

Il y eût aussi-tôt aprés la publication dud. Iugement, Appel in-terjetté, & relevé en cette Cour Primatialle, mais ledit deffunt sieur de la Vallée Corné, avec lad. Dame sa Femme, & la Damoi-selle sa Fille (suivans ses mouvements) se rendirent appellans comme d'abus de la Commission & citation sur ce faite, & de tout ce qui s'en est ensuivy, voulans éviter vôtre Iurisdiction, sur quoi par le moyen d'une grande involution de procedures, & de contestations portées & accumulées en la Cour de Parlement, le Procés à duré jusques à l'Arrest du 23. Iuin dernier, par lequel il est dit en ce qui touchoit l'appel comme d'abus de la partie de Me Nivelle, qui est lad. damoiselle Corné, *qu'il n'y avoit abus, & ordonné que le dit sieur Comte de Grancey fera Iuger l'appel simple pendant en cette Cour dans six mois.*

Voilà l'état present de l'affaire, où s'il ne s'agissoit que de ga-rantir la reputation du sieur Comte de Grancey des reproches d'infidelité, & des autres blâmes que l'Intimée luy impose pu-bliquement par ses écrits, il n'auroit qu'a se recrier sur le juste su-jet d'indignation que la mauvaise foy de ses pere & mere, & sa propre conduite ont deub produire dans son esprit.

Mais s'agissant de sçavoir s'ils sont veritablement mariez, ou non, ce qui regarde leur état, il n'a pû prédre une meilleure voïe ny plus seure pour le repos de sa conscience que de suivre le sen-timent d'un grand nombre de Docteurs Theologiens, *Primæ Classis*, qui l'ont asseuré que led. pretendu mariage est invalide, & ne peut subsister, & bien que l'Intimée s'efforce d'insinuer au pu-bic que ce sont des Docteurs inconnûs & apostez, Messieurs

Grandin, Gobillon, Bouſt, & Pirot, Profeſſeurs en la faculté de Theologie à Paris, de la conſultation deſquels on a donné copie, & pluſieurs autres dont-on à marqué les noms dans une feüille imprimée que l'on peut appeller ſuivant le langage du Texte Sacré, *Nubem Teſtium*, ſont ſi celebres qu'il y à peu de perſonnes qui ignorent le poids de leurs avis en ſemblable matiere.

Dans laquelle afin de concilier les régles, *Viriuſque Fori*, avant que de venir à l'établiſſement des queſtions de Droit, il eſt important d'examiner les tiltres ſur leſquels l'Intimée ſe fonde.

Le premier ſuivant l'ordre des dattes eſt la publication d'un Ban faite en l'Egliſe de S. Sulpice à Paris le 13. Novembre 1672. à laquelle on ne s'arreſtera pas, ſoit parce qu'à deffaut de la continuation des deux autres, où de la diſpenſe de l'Ordinaire elle ne ſert de rien, ſoit auſſi parce que par la declaration de Monſieur Pouſſé Curé dud. S. Sulpice du 16. Iuin 1675. il appert que Monſieur Roüillon l'un de ſes Vicaires avoit delivré le Certificat dudit Ban au pere de l'Intimée, pour avoir la diſpenſe des autres deux de Monſeigneur l'Archevêque de Paris (*Quod notandum*) & que quelques jours apres la delivrance dud. Certificat les Seigneurs Archevêque de Roüen & Maréchal de Grancey ayans fait Signiffier une Oppoſition aud. Mariage, n'y led. ſieur Curé, n'y ſes Vicaires n'avoient donné aucun autre Certificat, n'y permiſſion aux parties pour ſe marier autre part.

L'on ne s'arreſtera pas auſſi au Contract dud. pretendu Mariage du 17. dud. mois, qui ne ſert qu'à faire connoître la ſurpriſe, & la tromperie faite aud. Appellant, par le Contract des circonſtances cy-deſſus établies, & particulierement de la Quitance & conſtitution de Rentes feintes & ſimulées qui ont eſté improuvées & caſſées par Arreſt de la Cour de Parlement.

Il en faut venir aux deux autres pieces ſur leſquelles l'Intimée fait tout le fort de ſa cauſe, ſçavoir ſur la diſpenſe des trois Bans dud. Seigneur Evêque de Langres du 16. dud. mois de Novembre

bre 1672.& le Certificat de la celebration de son pretendu Mariage du 22. lesquelles êtans bien considerées,tant s'en faut qu'elles puissent servir pour son intention , au contraire l'on en tirera
non seulement des fortes inductions,mais une conviction entie-
re de la nullité dud. mariage.

A l'égard de la premiere comme l'on à fait un probléme sur la
diversité des copies qui ont esté produites de lad. dispense,il faut
sçavoir à laquelle l'on s'en doit tenir,ce qui ne peut mienx estre
éclaircy que par une exacte discussion des particularités du fait
qui conduisent naturellement & seurement à la connoissance de la
verité.

Pour celà il en faut revenir à ce qui a esté remarqué,que dans
l'Instruction commencée à la Requisition du Promoteur de l'Officialité de Sens huit jours aprés la celebration pretenduë de ce
mariage Clandestin, led. Deslandes êtant interrogé par Mr Bourée delegué qui se transporta au lieu du Châtel,de qu'elle authorité il avoit fait led. Mariage,il répondit que c'êtoit de l'authorité qui luy avoit esté donnée par Monseigneur l'Archevêque de
Paris , & par Monseigneur l'Evêque de Langres , & il representa
pour lors la dispense dud. Seigneur Evêque de Langres deuëment
Signée,& Scellée , laquelle il voulut garder pour sa seureté , &
consentit neanmoins qu'il en fut tiré une copie pour demeurer au
Greffe,qui fut en même temps écrite , & aprés avoir esté Collationnée par led. sieur Bourée,& par Minouflet Greffier en ladite
Commission,elle demeura jointe à la Procedure, laquelle copie
ayant esté representée aud. Deslandes lors de son Interrogatoire
fait au mois de Septembre suivant par Monsieur l'Official de
Sens,aprés qu'il en eût pris lecture,& l'avoir exactement veu &
consideré,tant au corps de l'écriture,qu'au sein , il reconnût que
c'estoit la même.

Surquoy l'on ne peut soupçonner n'y l'Integrité dud. Sr Bourée,n'y la fidelité du Greffier ,avec lesquels lesd. Seigneurs de

D

Grancey n'avoient aucune relation. L'on ne peut pas aussi dire qu'il y ait pû avoir aucun changement en cette copie, puis qu'elle est restée au Greffe de l'Officialité.

Il doit donc demeurer pour constant qu'elle est conforme à l'Original contenant les conditions essentielles, *que les trois Bans ayent esté publiez dans lad. Parroisse de S. Sulpice, où que lesd. requerans en ayent esté dispensez, & ayent obtenu permission de se Marier hors de lad. Parroisse*, & que la clause portant permission *de se Marier hors du Diocése de Langres*, est aussi conditionnelle, *en observant les choses ci-dessus énoncées.*

Il y à encore deux autres preuves incontestables de l'indentité & sincerité de lad. copie.

L'une que dans les premieres réponses dud. Deslandes pardevant led. sieur Bourée en forme d'Information, il dit avoir fait led. Mariage en vertu d'un pouvoir special, & autorité de mondit Seigneur l'Archevêque de Paris, aussi bien que dudit Seigneur Evêque de Langres, qu'il n'avoit pas pour lors le premier, mais qu'il se soumettoit de le representer lors qu'il en seroit requis, & dans son Interrogatoire pardevant led. sieur Official de Sens, Interrogé sur l'article de la dispense de mond. Seigneur l'Archevêque de Paris, à la representation de laquelle il s'ètoit soumis lors de sa deposition, il répondit qu'il avoit crû de dire verité, & qu'il croyoit encore de bonne foy que cette dispense avoit été effectivement & veritablement obtenuë, l'un & l'autre des Contractás luy en ayant fait des serments solemnels avant la celebration dudit pretendu Mariage, & qu'il avoit toûjours esperé qu'on luy mettroit entre les mains cette dispense pour sa seureté, ayant même dans l'article qui suit fait mention de plusieurs voyages & démarches qu'il avoit fait inutilement à cette fin auprés dudit sieur de la Vallée Corné, ce qui fait voir clairement qu'il en connoissoit la necessité, & que la dispense dudit Seigneur Evêque de Langres ne suffisoit pas sans l'execution des conditions y inserées.

L'autre preuve qui n'eſt pas moins deciſive , c'eſt que par le même Jnterrogatoire ſur ce que Mr l'Official de Sens lui demanda s'il avoit encore entre ſes mains la diſpenſe dud. Seigneur Evêque de Langres, il répondit qu'il avoit eſté ſi puiſſament ſolicité par led. ſieur de la Vallée, qu'il n'avoit pû refuſer à ſes inſtantes prieres de mettre entre ſes mains l'Original de lad. diſpenſe ſoûs les promeſſes qu'il luy fit de l'aſſiſter de tout ſon pouvoir, luy procurer un employ, & de ne point l'abandonner, & il ajoûte une circonſtance juſtiffiée au Procés, qui eſt qu'il mit auſſi en même temps entre les mains dud. ſieur de la Vallée des approbations & atteſtations de ſervices dans le Diocéſe de Sens , & ailleurs, leſquelles en effet ont eſté produites & employées par leſd. pere & mere, & fille Corné en premiere Inſtance, ce qui confirme la verité deſd. réponſes.

Et dans l'article ſuivant dud. Interrogatoire led. Deſlandes dit encore que led. ſieur de la Vallée l'avoit preſſé de declarer & affirmer en Iuſtice, qu'il avoit rendu lad. diſpenſe au ſieur Comte de Grancey, ou du moins de faire cette declaration par Acte public pardevaut Notaire : mais qu'il ne pût écouter une propoſition ſi injuſte, & que nonobſtant les grandes inſtances qu'il luy en fit il refuſa abſolument de le faire, alleguant pour toute raiſon que ſon honneur, & ſa conſcience y ſeroient trop engagés.

Il eſt donc vray que ledit la Vallée Corné s'eſt rendu maître dudit Original de diſpenſe, & l'on ne peut pas douter que de ſes mains il n'ait paſſé en celles de l'Intimée ſa Fille , qui l'ayant en ſon pouvoir la ſupprimé, & c'eſt le cas auquel par faute de la rapporter la copie remiſe au Greffe de ladite Officialité de Sens, (qui n'eſt dailleurs aucunement ſuſpecte,) doit tenir lieu d'Original.

Pour combattre la verité de cette copie, la damoiſelle Corné à produit deux Signiffications faites de la part du Seigneur Evêque de Langres ; portant revocation de lad. diſpenſe, & à crû de tirer avantage de ce que dans la copie qui en fut écrite de la main du nommé Canu, lors domestique de mond. Seigneur l'Archevêque de Roüen, les mots suivans sont omis, *& ayent obtenu permission de se Marier hors de lad. Paroisse.*

A quoi l'on répond que quand ces mots ne seroient pas compris dans lad. dispense, le Mariage n'auroit pas neanmoins esté valide à cause de l'inexecution des autres conditions, ainsi qu'il sera expliqué cy-aprés. Cependant il est facile de juger que cette omission fut faite par méprise, *lapsu calami velociter scribentis,* dans la copie transcrite par led. Canu precipitamment dans un temps où il n'y avoit pas un moment à perdre pour faire la Signiffication de ladite Revocation dattée du 21. Novembre 1672. entre 4. & 5. heures apres-midy.

Laquelle omission ne peut nuire par un raisonnement sans replique qui se tire de l'évidence du fait, en ce que led. pretendu Mariage n'a pû être celebré sur lad. copie de dispense écrite par Canu, d'autant que si led. Deslandes avoit eû entre ses mains lesd. Signiffications, il auroit eu en même temps connoissance de la revocation faite par led. Seigneur Evêque de Langres, le tout êtant contenu dans le même cayer, & ne faisant qu'un même acte, de consequent il n'auroit pû fonder son pouvoir pour la celebration dud. Mariage, sur la dispense de Monsieur de Langres qu'il auroit sceu être revoquée.

Aussi tant s'en faut que l'Jntimée ait voulu établir la validité de son Mariage, sur la Signiffication de cette copie écrite par Canu, qu'au contraire Elle à soustenu que la Revocation de la dispense dud. Seigneur Evêque de Langres n'ayant été Signiffiée que led. jour 21. Novembre, à l'approche de la nuit à Paris, Elle n'avoit pû être connuë par led. Deslandes, qui celebra le Mariage le lendemain 2 . dudit mois à deux heures apres la minuit à quatorze lieües de la ville de Paris, & qu'ainsi cette Revocation êtoit venuë trop tard pour empécher led. Mariage.

Il en réfulte même une confequence infaillible qu'il falloit bien que lors que led. Deflandes à procedé à lad. Celebration pretenduë, il eût entre fes mains l'Original de lad. difpenfe conforme à la copie, collationnée en fa prefence, & fignée par ledit Minouflet, qui eft reftée au Greffe de l'Officialité de Sens, puifque fuivant fon aveu, & par l'Acte qui fut par luy dreffé ledit jour 22. Novembre, dont on parlera dans la fuite, il prefuppofa un pouvoir à luy donné par Monfeigneur l'Archevêque de Paris, de forte que l'on ne peut attribuer la difference qu'il y à entre la difpenfe dont il étoit faify, quand il à fait ce pretendu Mariage, & à la copie jointe aux Exploits de ladite Revocation, qu'à une pure omiffion où méprife de la part dud. Canu qui l'écrivit avec precipitation.

Ce qui reçoit d'autant moins de difficulté qu'il eft aifé de juger que led. fieur de la Vallée Corné ayant en fa puiffance l'Original qu'il avoit tiré des mains dud. Deflandes, n'euft pas manqué de le reprefenter dans le temps du Jugement du Procés, fi cét Original euft contenu d'autres termes que ceux referez dans ladite copie remife par led. Deflandes dans le depôt public du Greffe, & l'Intimée qui eft prefentement faifie de ce même Original, ne laifferoit pas la chofe dans le doute étant en état d'éclaircir là verité fi elle luy étoit favorable ; en un mot il eft conftant au Palais que la fuppreffion d'une piece qui eft au pouvoir d'une partie, ne la voulant produire, fait une preuve convainquante contre Elle.

A l'égard de l'Extrait baillé par le Secretaire de M^r l'Evéque de Langres, & par Elle employé dans le Procés, l'Avocat de feu M^r le Maréchal de Grancey n'y ayant pas affez fait d'attention, à paffé legerement fur les moyens dont-il pouvoit être debattu, ayant fans doute crû que n'eftant pas fait partie prefente, n'y deuëment appellée, l'on n'y auroit aucun égard, en effet l'Intimée connoiffant ce manquement, à pretendu de le reparer apres coup, par un Compulſoire pris au mois de Juillet dernier, ſeulement pour tirer un nouvel Extrait ſur le Regiſtre du Secretariat de Langres , ou l'appellant ayant fait comparoir un Procureur, l'on verra dans le Procez Verbal qui en à eſté fait les defectuoſitez qui ont eſté remarquées.

Cependant le ſieur Promoteur de Sens s'êtant appuyé dans ſes Concluſions ſur cet Extrait, comme ſi c'êtoit une piece probatoire, & l'Intimée dans le Plaidoyer de la cauſe , en laquelle eſt intervenu l'Arreſt du Parlement du 23. Iuin dernier , ayant fait avancer par le ſieur Nivelle ſon Avocat que la diſpenſe accordée par Mr de Langres n'êtoit point conditionnée, que t'elle qu'elle êtoit repreſentée par l'appellant , elle ne devoit eſtre d'aucune conſideration, puiſque l'Extrait du Regiſtre dud. Seigneur Evêque de Langres par Aubert ſon Secretaire êtoit un Acte ſerieux, & autentique, auquel l'on devoit s'arreſter, dans lequel Regiſtre on n'auroit pas manqué d'employer les mêmes conditions qui êtoient contenuës dans la copie miſe au Greffe du ſieur Bourée Commiſſaire, ſi elles avoient été eſſentielles à la celebration dudit Mariage, l'appellant à grand interſt de faire connoître la nulité, & même la fauſſeté dud. Extrait, dont le Regiſtre même fournit des preuves évidentes.

Pour cet effet l'on obſervera en premier lieu que c'eſt tres-mal à propos que l'on à propoſé le deffaut de Signature contre la copie laiſſée au Greffe dud. ſieur Bourée , parce que la collation qui en fut faite ſur l'Original en preſence dud. Commiſſaire, & la Signature de ſon Greffier, avec la reconnoiſſance de cette copie par Deſlandes Prêtre , répondant avec Serment pardevant Monſieur l'Official de Sens, ne laiſſent aucun lieu de douter qu'elle ne ſoit veritable & ſincére.

Mais il eſt vray de dire avec bien plus de raiſon que ce qui eſt notté dans le Regiſtre de Mr de Langres ne doit faire aucune foy en Iuſtice, puis qu'il ne l'a point Signé, n'y ſon Secretaire , car il ne suffit pas que le d. Secretaire ait Signé au bas de la page ou est la notte de la dispense en question, sa Signature n'ayant sa relation qu'à l'Acte qui precede immediatement, qui est un Mandement pour Prescher, & Confesser à Espoisses pendant le Caréme, il êtoit de l'ordre que la Minute de lad. Dispense fut transcrite tout au long, & Signée par led. Seigneur Evêque de Langres, afin d'avoir la force d'un Acte public & autentique, sans quoi ce n'est qu'une breviature informe, qui tout au plus ne sert que pour montrer qu'il y à eu une dispense, mais qui ne fait aucune preuve touchant la forme, & les clauses dont elle étoit revêtuë, qui est le point duquel il s'agît.

En second lieu, l'Extrait qui en fut delivré par led. Aubert Secretaire, & qui à esté produit à Sens à une fausseté incontestable commise par Aubert, lequel à supprimé dans l'Extrait qu'il à delivré audit Corné les deux expeditions qui estoient comprises entre l'Enregistrement de la Dispense, & la Signature dudit Aubert.

En troisiéme lieu il est visible que lad. delivrance fut faite par Aubert avant qu'il eût mis sur son registre la notte de la Dispense qui y paroit à present, se fiant à sa memoire, pour l'Enregistrer aprés aux termes qu'il l'a conceu, dans lesquels on voit qu'encore qu'il y ait une même disposition que celle dud. Extrait, il y à neanmoins des transpositions de mots, & differentes expressions, qui font connoistre que lors qu'il en delivra sont Certificat il n'avoit rien écrit, n'y Enregistré sur son liure touchant cette Dispense.

L'on en trouvera la preuve en conferant la notte qu'il y à posterieurement inserée avec led. Extrait produit au Procés, nonobstant que l'un & l'autre, soûs le benefice de sa memoire, soient en des termes approchans, n'y ayant personne qui ne sçache qu'afin que la Grosse, où l'Extrait que l'on expedie soient fidels, l'on est obligé de suivre & transcrire de mot à autre ce qui est contenu dans la Minute.

Et conséquemment il y à double fausseté dans l'expedition qu'il à delivré, l'une en ce qu'il y à mis sa Signature comme si elle eût été dans le Registre au bas de la notte de ladite Dispense, l'autre au changement & transposition des termes qui montrent que lad. Expedition n'a pas esté prise sur le Registre.

Cette preuve est encore confirmée par la Lettre du sieur Noüilliers, adressée audit deffunt sieur de la Vallée du 17. Juin 1673. qui à esté employée par l'Intimée dans la Communication & Production par Elle faite en premiere Instance, où pour satisfaire à l'empressement dud. sieur de la Vallée d'avoir cét Extrait, il luy marque que la Dispense n'étoit pas de mot à mot dans le Registre, qu'il n'y avoit simplement que ce qu'il envoyoit, qui aparemment luy serviroit autant comme s'il avoit le contenu en ladite Dispense, & ajoûte en doûtant (du moins je le souhaite)

Mais outre tous ces moyens pour faire voir qu'il n'y à nulle apparence d'apuyer & fonder la decision d'une affaire de cette importance sur la simple notte, imperfaite & défectueuse, portée dans led. Registre, il n'y à qu'à reflechir sur ce que l'on vient de dire, qu'elle ne contient aucune des clauses & conditions de la Dispense dont il est question ; & cependant les Parties adverses sont elles mêmes demeurées d'accord au Procés de celle concernant la publication des trois Bans à S. Sulpice, où d'en obtenir la Dispense. Deslandes en convient dans sa Deposition & Interrogatoire, il n'y à rien de suspect, n'y de doûteux dans la representation qu'il fit de l'Original de lad. Dispense, dont la copie fut à l'instant mise au Greffe, & l'on vâ même montrer que l'Acte de la pretenduë celebration du Mariage qu'il dressa sur le champ datté dudit jour 22. Novembre 1672. en fait encore la confirmation.

Ce qui regarde l'examen de trois differents Certificats concernant lad. Celebration pretenduë, celui qui à esté baillée par ledit Deslandes , Signé de luy seul, quoy que soûs la même datte

susdite

sufdite du 22. Novembre 1672. eſt en des termes ſi étendus,ſi affectés, & ſi étudiés, qu'il paroit clairement que c'eſt l'ouvrage dudit deffunt ſieur de la Vallée Corné, & il porte avec ſoy ſa nulité,ſoit en ce qu'il n'eſt pas conforme à l'expedition delivrée par Beriard Vicaire du Châtel ; moins encore à l'Original qu'on à fait apporter au Greffe de cette Cour , ſoit auſſi parce que cét un témoignage extrajudiciel,qui ſuivant le commun ſentiment des Docteurs,& l'uſage du Palais ne fait aucune foy. *Teſtimonia ſcilicet (quæ alias idiotiſmo noſtro dicimus Certificats,nullius ſunt momenti in judiciis cùm preſentiâ opus ſit.*) Ce ſont les propres termes de Mornac ſur la loy 20. *ff. de recept. qui arbit.* ce qu'il repette encore expreſſement ſut le , §.3.*leg.3.ff. de teſtibus (non teſtimoniis,ſed teſtibus reſcripſit Adrianus ſe credituram.)*Il en eſt de même du Certificat delivré par led.Mᵉ Beriard Vicaire du Châtel , qui dans ce rencontre ne doit pas être conſideré comme une perſonne publique,puis que ſuivãt ſa Depoſition & Reponſes,il à affirmé n'avoir eſté n'y preſent,n'y conſentant,aud.Mariage pretendu,& la feüille à luy remiſe par led. Deſlandes n'eſt qu'un depoſt qu'il auroit pû faire à tout autre,led.Beriard n'ayant en celà fait aucune fonction,n'y de Curé,n'y de Vicaire, s'eſtant contrédit,même commis un Faux dans l'expédition qu'il à baillée , ſoit parce qu'il ſe qualifie Curé aud. jour 22. Novembre 1672. bien qu'il ne fût que Vicaire, n'ayant eſté pourveu de la Cure que du depuis, dont la difference eſt notable, parce que quand il auroit eſté delegué (*Ce qu'il à luy même deſa voüé, & en effet il ne l'eſtoit point.*) Il n'auroit pû ſubdeleguer un autre,ſoit auſſi parce que cette expedition à eſté faite ſur un Original alteré & falſifié.

Mais pour prendre la choſe dans ſa ſource , il faut venir à l'Original de la feüille à luy remiſe, qui à eſté mis en vôtre Greffe, Signé par Deſlandes,par les Parties, & par les Témoins, dont la ſeule veüe ſuffira pour la preuve de la falſification,attendu les entrelignes,radiations, & apoſtilles miſes en marge aprés coup , & autres alterations qui s'y trouvent.   F

En effet l'on verra par l'Extrait figuré qui en à esté fait que dans la seconde ligne à esté mis par entreligne (*par Monsieur Deslandes Prêtre*) comme parlant d'une tierce personne, ce qu'il n'auroit eû garde de mettre parlant de soy même, dans la quatriéme aprés le nom du Comte de Grancey, le sieur de la Vallée Corné à crû pour plus de precaution, qu'il faloit ajoûter suivant l'apostille qui est en marge, *Veuf d'Anne de Besançon,* & dans la septiéme. l'apostille aussi mise en marge, *audit Seigneur,* pour designer que cét à luy que la Dispense avoit esté donnée à la fin de cette même ligne l'on à alteré le mot de *Messeigneurs,* au lieu duquel on à mis *Monseigneur,* & dans la suivante on à aussi rayé ces mots, *les Archevêque de Paris, avec celuy de &c.* deux fois repeté immediatement aprés les mots d'Archevêque, & celui de Paris, ce que par un coup de la Providence du Ciel, l'on peut lire aisement au travers desd. ratures, & parce moyen estre convaincu, que ledit Deslandes par les termes de lad. Dispense dudit Seigneur Evêque de Langres, qui avoit esté mise entre ses mains, voyoit que le pouvoir dudit Seigneur Archevêque de Paris êtoit essentiellement requis & necessaire. L'on à encore ajoûté par entreligne dans la neufviément ligne le mot de *trois* avant celuy de *Bans,* & aprés par apostille ceux qui suivent, *ladite Damoiselle,* (ce qui se reféré à l'Intimée) *munie d'un Ban publié en sadite Paroisse, sans aucun empéchement,* autre precaution dont ledit la Vallée s'est avisé aprés coup, s'imaginant de suppleer en quelque maniere par cette apostille le deffaut de permission du Curé de S. Sulpice de se marier ailleurs, où de la dispense dudit Seigneur Archevêque de Paris, & enfin dans la onziéme ligne, l'on à rayé les mots, *d'haute, & puissante,* craignant qu'on ne vît que c'estoit une trop grande affectation d'attribuer cette qualité à la Dame Jaquelot mere de l'Intimée.

Toutes ces falsifications sont si claires, & si visibles qu'elles paroîstront aux yeux de MESSIEURS les Juges, par l'aspect de la piece,& ne peuvent être imputées qu'a l'Intimée,& à son défunt pere,puis que l'Extrait Signé Beriard qu'Elle en à raporté pour piece fondamentalle de son pretendu mariage,contient les mè-mes mots entre lignes,& non ceux rayés.

Il n'en faudroit pas d'avantage pour sa Condemnation,puis que suivant l'opinion la plus commune des Docteurs, *Convictus de falso instrumento prolato cadit de causa*,& le Faux qui se fait en effa-çant,augmentant,& alterant un Acte,n'est pas moins condemna-ble,que de l'avoir entierement,& faussement fabriqué,suivant les textes du droit, *ad legem corneliam de falsis* ; Mais sans prejudice de cette induction generale l'on tirera du moins cette conséquen-ce infaillible du changement , & alteration dudit Acte particu-lierement des mots rayés que l'on lit encore facilement que le Prêtre,du Ministére duquel on s'est servy, non plus que lad. Inti-mée , & ses pere & mere n'ont pas ignorés les conditions ap-posées par ledit Seigneur Evêque de Langres dans sa dispense, l'inexecution desquelles la rend nulle & de nul effet.

Ces principes posés donnent grande facilité pour établir les nullités du pretendu Mariage, dont-est question, qui consistent principalement au deffaut de publication des Bans,& au deffaut de caractére,& de pouvoir du Prêtre qui à esté employé pour le faire.

Pour ce qui est de la premiere, les raisons & motifs de droit sont si fortement,& sçavamment établis par des écritures de pre-miere Instance, que l'on à veu Signées de Me Pelée , que pour ne pas fatiguer par des repetitions ennuieuses MESSIEURS les Iuges qui ne manqueront pas d'en faire la lecture lors du Iuge-ment de ce Procés,l'on observera seulement en abregé.

Que l'usage des Proclamations des Bans est si ancien,notament en l'Eglise Gallicane , qu'outre l'authorité des Capitulaires de Charlemaigne , les Conciles de Chattres, & de Roüen de l'an 1226. celuy de Saumur de l'an 1253. ceux d'Angers tenus és

années 1274. & 1304. le Concile de Langres tenu en 1405. celuy de Paris de 1557. & autres suivans tenus en diverses autres
Villes de ce Royaume, en ont ordonné l'observation, & declaré
la peine d'Excommunication encouruë par ceux qui ont negligé
de les observer ; ces Conciles établissent même par exprés vne
preuve de Clandestinité des Mariages sur l'omission de la publication des Bans.

Le Concile de Latran soûs Innocent troisiéme en fait une Loy
generale pour toute l'Eglise, en declarant nuls les Contrats de
Mariage faits sans les Proclamations precedentes, & le Concile
de Trente dans la Session 24. Chapitre premier en prescrit aussi
la solemnité necessaire, & quoy qu'en la clause d'irritation il n'ait
pas repeté la publication des Bans, mais seulement le ministére du propre Curé, & l'assistance de deux ou trois Témoins ;
neanmoins comme ce Concile s'est conformé à la disposition
de celuy de Latran, en ces termes exprés. (*Idcircò sacri lateranen-
sis Concilij sub Innocentio Tertiò celebrati vestigiis inhærendo, præcipit
sanctus Synodus,*) il faut conclure qu'il n'a pas ôté la peine de nullité imposée par le premier, & au contraire qu'il l'a confirmé.

Mais supposé que le deffaut de cét solemnité ne fut pas irri-
tant par le Concile ; elle seroit renduë essentielle & absolument
necessaire par la condition apposée dans la dispense de Mr l'Evêque de Langres (sur laquelle l'Jntimée fait le fondement de son
Mariage) que les trois Bans fussent publiés dans la Paroisse de
S. Sulpice, ou que les Requerants en eussent esté dispensés, parce
que c'est *Conditio sine quâ non*, par faute d'acomplissement de laquelle, lad. dispense n'a pû avoir son effet.

Les Ordonnances de nos Rois, qui sans doute ont l'authorité
& puissance de régler les effets Civils du Mariage, & consequem-
ment de rendre tous ceux qui y sont sujets inhabiles à le contracter, sans l'observation de ce qu'elles prescrivent, expliquants
pour ce regard le Concile ; portent la peine de nullité, & d'invalidité,

validité ; ce qui eſt évident , en ce que l'article 40. de celles de Blois, que Louïs XIII. dans ſon Ordonnance de 1639. art. premier veut être exactement gardé , commance par ces mots: *pour obvier aux abus & inconveniens qui adviennent des Mariages Clandeſtins, Nous avons Ordonné & Ordonnons , que nos Sujets de quelque état & condition qu'ils ſoient, ne pourront valablement contracter Mariage , ſans Proclamation precedente des Bans* ; dont elle preſcrit la forme.

Et c'eſt en vain que l'Intimée pretend en éluder l'obſervation, ſur ce qu'elle ſuppoſe que cela ne regarde que les Enfants de famille, la diſpoſition de l'Ordonnance étant generalle, & comprenant par les termes formels, ci-deſſus rapportés, tous les Sujets du Royaume, de quelque état, qualité, & condition qu'ils ſoient, ſans aucune exception, n'y diſtinction.

Mais l'autre nullité provenant du deffaut de preſence du propre Curé & Paſteur , eſt encore plus eſſentielle ; & pour donner à ce point tout le jour neceſſaire, l'on en fera la demonſtration par les obſervations ſuivantes.

La premiere eſt, que la preſence du propre Paſteur , ou d'un autre Preſtre par luy commis en ſa place , ou par l'Ordinaire eſt de neceſſité abſoluë pour la validité des Mariages , ſuivant la diſpoſition formelle du Saint Concile de Trente, & des Ordonnances, les termes du Concile ſont clairs & précis, *Qui aliter quàm præſente Parocho, vel alio Sacerdote, de ipſius Parochi vel Ordinarij licentiâ matrimonium contrahere attentabunt; eos ſancta Synodus ad ſic contrahendum omninò inhabiles reddit ; & huiuſmodi contractus irritos & nullos eſſe decernit, pro ut, eos præſenti decreto irritos facit & annullat.*

Et pour cè qui eſt des Ordonnances outre l'article 40. de celle de Blois, ci-deſſus cité, l'article 29. de l'Ordonnanee de 1629. & le premier de celle de 1639. requierent auſſi tres-expreſſement la preſence du Curé.

G

La seconde observation, c'est que Mr le Comte de Grancey, & la damoiselle Corné n'êtans point du Diocése de Sens, ou le Mariage à été celebré ; l'incapacité & l'impuissance du Prestre qui à fait cette celebration est certaine , & de conséquent il faudroit une delegation fondée sur un titre certain & exemt de tous doutes ; parce que suivant les maximes les plus solides , & les plus constantes , [une Dispense, ou une Permission même douteuse ne suffit pas, pour lever une impuissance, & une incapacité effective] *Impedimento certo, non sufficit dispensatio incertis valoris*; de sorte que l'on ne peut en aucune maniere soûtenir que led. Deslandes eut aucun pouvoir par la dispense de Mr l'Evêque de Langres, qui n'êtoit même addressée qu'aux Curez ou Vicaires de son Diocése, & non à d'autres , moins encore à un Prêtre d'un autre Diocése, auquel ne s'applique en aucune façon ladite dispense, qui ne peut estre étenduë au dela de ses termes. *Tantùm valet , quantùm sonat.*

La troisiéme observation c'est qu'encor bien que mond. Seigneur l'Evêque de Lāgres, eut permis aux parties de se marier hors de son Diocése, ce n'a été que moyenant que les trois Bans ayent estés publiés dans la Paroisse de S.Sulpice, ou que les Requerants [Sçavoir lesdits sieur de Grancey & damoiselle Corné] eussent obtenu permission de se Marier hors de ladite Paroisse ; & qu'il auroit apparu aux Curés & Vicaires auxquels ladite dispense est addressée, qu'ils n'estoient liés d'aucune autre Promesse de Mariage, l'inexecution de toutes lesquelles conditions est un obstacle formel qui rend la celebration dud. Mariage absolument nulle , les termes du Mandement n'ayants pû être n'y excedés , ny ômis. *Diligenter enim fines mandati adimplendi sunt, & qui aliter aut aliud agit, nihil agit.*

Sur quoy l'on pourroit faire une dissertation, sçavoir si les Ordinaires peuvent étendre leurs Iurisdictions hors l'étenduë de leurs Diocéses. Et il y à beaucoup de raisons pour la negative,

sans Commiſſion, ny Delegation valable, (*ab habente poteſtatem*) contre la teneur même de la Diſpenſe ſur laquelle on le veut fonder: puis qu'elle eſt conditionnée, & que les clauſes & conditions n'en ont point eſté obſervées n'y executées, c'eſt par un renverſement étrange de toutes les régles , que dans l'Officialité de Sens l'on à jugé en faveur de la validité dudit pretendu Mariage.

Il y a ſujet de s'êtonner, que pour principe & motif de ce Jugement, dont MESSIEURS les Juges ſe ſont expliqués dans les Conclusions du ſieur Promoteur dud. Archevêché, ils ayent allegués l'opinion de Thomas Sanchez, que (*Quotiès exprimitur in commiſſione forma iuris communis, eo modo quo iure ineſt, non eſt intentio committentis inducere novam formam & Commiſſionem , ſed eſt admonitio quædam ut ſervetur forma iuris communis.*

En effet qui auroit jamais penſé que les ſentiments de c'eſt Autheur deuſſent en 1673. ſervir de guide à Meſſieurs les Theologiens de Sens, pour leſquels ils auroient fait paroître tant d'horreur, que Mr de Gondrin Archevêque de Sens , ſur les inſtances qui luy furent faites par tout ſon Clergé, cenſura en 1658. l'Apologie des Caſuites qui contenoit particulierement la deffenſe des opinions de Sanchez , que l'Autheur des Lettres Provinciales raporte en pluſieurs endroits , comme contraires aux veritables maximes de la Morale Chrêtienne.

Ces MESSIEURS peuvent-ils ſe flater que les opinions de Sanchez, dans leur bouche ſoient d'un plus grand poids que dans les Ouvrages de c'eſt Autheur même ? & aprés avoir fait tous leurs efforts pour le decrediter aux yeux du public , croient-ils pouvoir dans un autre tems faire paſſer ces principes comme des régles inviolables, auxquelles ont doive ſe ſoûmettre ? nous ſommes dans un Siecle où l'on ne vâ pas ſi facilement du blanc au noir ; Meſſieurs de Sens ont condamné en mil rencontre les opinions de Sanchez , ils ont declarés la guerre à tous ceux qui les

ont

ont voulu fuivre;où deffendre:& quelques années apres il citent le même Autheur , comme la régle des Iugements Ecclefiafti-ques:s'ils veüillent avoir des Partifans du Iugement qu'ils ont rendu,il faut qu'ils fe concilient auparavant avec eux mêmes, & s'ils ne le peuvent pas , qu'ils demeurent du moins d'accord que l'opinion de Sanchez ne doit rien contribuer à la decifion de cet-te affaire,il faut que cés MESSIEURS advoüent que plufieurs autres Autheurs de grande eftime font de l'opinion contraire, & Covarruvias même cité mal à propos par le¦Promoteur de Sens pour être du fentiment de Sanchez, fe determine & explique en des termes entierement opposés aux conclufions prifes par ledit Promoteur. On l'a iuftifié bien au long dans l'Original des êcri-tures produites , & cité d'autres Docteurs (*prima claffis*) ce qui marque que Covarruvias n'a pas efté un Solitaire, mais du fenti-ment le plus authorisé.

Comment dont Meffieurs les Juges qui ont donné la Senten-ce dont eft Appel,ont-ils preferé Sanchez, qui felon eux eft dans l'Eglife un Autheur fans poid,& fans authorité, à tant d'autres, & au fentiment des Docteurs & Profeffeurs de la Faculté de Paris, qui ont paru decider de l'invalidité du Mariage de Monfieur le Comte de Grancey, avec l'Intimée , fur le cas prefent qui leurs à efté proposé fans autre difference que celle des noms.

Mais parce que les Partifans du Iugement qui à efté rendu à Sens pourroient répondre,qu'encore bien qu'en general ils n'efti-ment pas la Doctrine de Sanchez,il faut neanmoins pefer les rai-fons fur lefquelles ils fe fonde dans le cas particulier duquel il s'agit,l'on veut bien encore pour ne laiffer aucun fcrupule,n'y au-cun doute fur cette matiére,faire voir.

Primò, Que le principe de l'opinion de Sanchez eft infoûte-nable.

Secundò, Que la Queftion proposée par Sanchez ne peut avoir

H

d'application à la dispense accordée par M^r l'Evêque de Langres.

Tertiò, que sur les principes mêmes de Sanchez la dispense accordée par mond. sieur l'Evêque de Langres, est nulle.

Et l'on peut encore ajoûter une quatriéme proposition, quoy que sur-abondante, que le Mariage contracté en vertu de la dispense de mond. sieur l'Evêque de Langres seroit invalide, quand la nullité de cette dispense ne seroit pas aussi certaine qu'elle est, mais seulement douteuse.

L'on à établi la premiere proposition par un raisonement solide suivi par la pluralité des Docteurs, que les conditions introduites par le droit commun êtant exprimées dans la commission, sont autant & plus obligatoires que les conditions étrangeres & nouvelles que le commetant y peut apposer du sien, êtant sans doute les plus essentielles. (*Etsi ordo iuris in mandato expressus ad instructionem causæ & iustitiæ ministerium formam non inducat, hanc tamen constituit, si ab homine speciali quadam cautelâ, ordo juris modum procedendi concernens fuerit traditus.*) C'est ainsi que s'explique Covarruvias, ce qui convient fort bien aux conditions precautionnées, mises dans la Dispense de M^r l'Evêque de Langres, *speciali quadam cautelâ.*

Pour la preuve des deux propositions suivantes, l'on à fait une dissertation convainqnante, prise sur les propres termes de Sanchez : laquelle l'on retranche dans c'est imprimé pour n'en pas rendre la lecture trop ennieuse par sa longueur.

Quand à la quatriéme fondée sur le principe ci-devāt posé, dont tous les Docteurs Canonistes conviennent, (*Impedimento certo non sufficit in certa dispensatio,*) l'on à observé que c'est Autheur en la même dispute 33. demeure d'acord que les opinions sont partagées, sur ce sujet, lequel partage suffit pour former un doute sur la validité de ces dispenses, ou sont inferées conditionellement les formes & conditions du droit commun non executées.

Mais on à montré dans la suite que l'on avoit eû raison de dire, que cette derniere proposition estoit sur-abondante, soit parce que dans la precedente l'on à fait voir que la dispense en question cô-tient des formes & des clauses qui ne sont pas formellemēt com-prises dans le droit commun, auquel cas Sanchez convient que l'inexecution d'icelles, les rend nulles & caduques : soit aussi par-ce que le doute sur la question des conditions conformes au droit commun, apposées aux commissions n'a esté presupposé dans cet-te dissertation, que pour rêfuter c'est Autheur par luy même, sans se departir de l'opinion commune touchant la necessité absolüe de l'observation de toutes les conditions portées par les Actes soûtenus par les plus grands Antheurs, & qui doit avoir particu-lierement lieu dans les dispenses & graces, *Quæ pendent ab arbi-trio concedentis.* Auquel il est loible d'y apposer telles clauses li-mitatives que bon luy semble , & dont les Impetrants ne peu-vent se prevaloir, qu'en les accomplissant: (*Non aliter gratiam ac-cepturi.*)

Reste à répondre à quelques Objections peu considerables, des-quelles l'on ne fait icy mention que pour faire cesser les impres-sions, que les dehors des causes peuvent donner , avant qu'on les aït bien examinées.

La premiete est sur ce que l'on à voulu tirer consequence que le Sieur Maréchal de Grancey, & autres Parents de la Famille avoient consenti audit Mariage , parce qu'il y a cinq ou six jours d'intervale depuis la Proclamation du premier Ban faite à saint Sulpice le treiziéme Novembre, jusques à l'Opposition formée le 20. surquoy aprés ce qui à esté cy-devant remarqué dans l'ex-posé du fait contre cette Objection , il n'y à qu'a adjoûter que la distance qu'il y à de la Paroisse de saint Sulpice Fauxbourg saint Germain, à celle de S. Roch, où led. sieur Maréchal de Grancey êtoit logé,eſt aſſés grande pour avoir ignoré ce qui ſe paſſoit en ladite Paroiſſe de S. Sulpice,ou le ſecond Ban ne pouvoit être proclamé que ledit iour 20. Novembre, auquel fut miſe ladite Oppoſition.

La ſeconde eſt ſur ſon ſilence pendant quelques mois apres ce Mariage , & ſur la relation de quelques Lettres écrites par les Domeſtiques dudi Seigneur Archeveſque de Roüen audit deffunt ſieur de la Valée , touchant les Jntereſts dudit Sieur Comte de Grancey,d'ou l'on veut induire une pretenduë approbation tacite.

A quoy l'on répond. 1°. pour le fait,que led. Seigneur Archevêque de Roüen , non plus que feu Mr le Maréchal de Grancey ſon Frere n'avoient point veu les Actes, &ne ſçeurent les particularités de ce qui s'eſtoit paſſé au ſujet dudit Mariage , ſinon aprés que par les incidents ſurvenus , le ſecret du miſtére eut êté decouvert,ayant pû croire que l'on ſe ſeroit ſervi du miniſtére du propre Curé de Grancey , & prendre d'autres meſures que celles qui ont paru lors de cette decouverte: mais cela ne fait rien a la ſubſtance de la choſe , n'y ayant d'ailleurs jamais eû de leur part aucun conſentement,n'y approbation.

Er pour le droit,la réponſe eſt encore plus prompte par la régle (*Quod ab initio non valuit,tractu temporis convaleſcere non poteſt.*) laquelle doit principalement auoir lieu dans l'eſpece du Mariage radicalement nul,qui ne peut être validé,n'y par la ſuite du tems, ny par le ſilence.

Dans le dernier Factum que l'Intimée à mis au jour,Elle fait un delême qui lui ſemble fort preſſât,lorſqu'Elle dit que ou l'appellant à voulu veritablement l'épouzer, & celà ſuffit pour établir le lien indiſſoluble d'un Mariage conſommé,ou il à eû deſſein de la tromper & ſeduire,& c'eſt un Rapt,qui merite la rigueur des Loix & des Ordonnances.

JI

Il eſt facile de reſoudre c'eſt argumeut en peu de mots , ſi le
ſeul conſentement,& la cohabitation faiſoient le Mariage , Elle
auroit raiſon dans la premiere partie,mais cette propoſition êtant
un Paradoxe contraire à la diſpoſition des Conciles ,& des Ordonnances,& tout ce qui s'eſt paſſé pardevãt Deſlandes Preſtre,
qui n'avoit aucun Caractére,n'y pouvoir legitime, n'eſtant qu'un
Acte vain,& inutile,& de nul effet,ou l'on ne trouve que la couleur & l'ombre,& nullement l'eſſence & la verité du Sacrement
de Mariage,il eſt évident qu'ils ne ſont pas conjoints , & ne peuvent même vivre enſemble,ſans être coupables d'un Concubi-
nage deteſtable devant D i eu,& les hommes.

Quant à l'autre partie de l'argument, l'appellant n'apprehende
pas que l'on puiſſe luy imputer d'avoir encouru les peines du
Rapt , puis que bien loing qu'il y aït eû aucune violence,n'y ſe-
duction de ſa part,toute la trâme de l'intrigue à eſté menagée,
& conduite par le Pere & Mere de l'Intimée;enſorte que ſoit que
l'on conſidére c'eſt évenement comme une érreur,où une igno-
rance de droit(qui n'excuſe perſonne)où comme une faute com-
miſe contre les Loix de l'Egliſe, elle eſt non-ſeulement commune avec eux ; mais même leurs eſt plus imputable qu'a tous autres,& par conſequent à Elle même.

Enfin toutes les Loix Politiques,& Eccleſiaſtiques concourent
pour l'annullation d'un Mariage Clandeſtin , dans lequel l'Appelant (*ad ſe re-verſus*) à reconnu d'avoir mal'heureuſement
manquê à ſes plus juſtes devoirs envers ſes proches, particulierement feu Mouſieur le Maréchal de Grancey ſon pere'& trahi ſes
propres intereſts en s'engageant aveuglement dans la meſallian-
ce,& les tromperies manifeſtes & pleinement verifiées, dont-on
à fait voir ci-deſſus le recit,lequel Mariage n'eſt d'allieurs établi
que ſur des pieces viſiblement nulles, & fauſſes;& ou les Sacrées
Conſtitutions des ſaints Conciles , & la Diſpoſition des Ordonnances ont eſté égallement trangreſſées & violées.

I

CE CONSIDERE' MESDISTS SIEURS,

Il vous plaife luy donner Acte de l'employ qu'il fait de la prefente Requefte pour fes caufes & moyens d'Appel;& en confequence prononcer, qu'il à efté mal Jugé par ladite Sentence de l'Officialité de Sens du 29.Novembre 1673. Et en émandant declarer ledit Mariage nul, & non valablement Contracté ,& Condamner l'Intimée aux dépens,tant de premiere Inftance que caufe d'Appel , fauf à pourfuivre l'Infcription de Faux qui a efté formée ; & vous ferez Juftice. Signé,Du FAISANT.

www.ingramcontent.com/pod-product-compliance
Lightning Source LLC
LaVergne TN
LVHW051326200726
843510LV00002B/528